# Inhalt

**Investmentsteuergesetz**

Kernthesen

Beitrag

Fallbeispiele

Weiterführende Literatur

Impressum

# Investmentsteuergesetz

*A. Kaindl*

## Kernthesen

- Im Juli 2003 wurde der Diskussionsentwurf für ein Investment- und Investmentsteuergesetz vorgelegt, der das Investmentrecht in Deutschland umfassend neu ordnet. Die Verabschiedung der Gesetze ist für November 2003 geplant.
- Interessanteste Neuerung des Investmentgesetzes für Anleger ist die Einführung von Hedgefonds in Deutschland.
- Entsprechend des Investmentsteuergesetzes werden Auslandsfonds den Inlandsfonds künftig steuerlich gleichgestellt. Das Gesetz differenziert einheitlich für Inlands- und Auslandsfonds lediglich danach, ob die Investmentgesellschaft detaillierte Angaben

über ihre Einkunftsarten und Vermögensbestände veröffentlicht. Anleger in Fonds, die diesen Anforderungen nicht genügen, werden einer Strafbesteuerung unterworfen.

# Beitrag

# Entwurf eines Investmentmodernisierungsgesetz

Das Bundesfinanzministerium legte im Juli 2003 den Diskussionsentwurf für ein Investmentmodernisierungsgesetz vor. Dieses im wesentlichen aus Investment- und Investmentsteuergesetz bestehende Regelwerk soll zum 1. Januar 2004 in Kraft treten und das bisherige Gesetz über Kapitalanlagegesellschaften (KAGG) sowie das Auslandsinvestment-Gesetz ablösen. Zudem werden mit dem Gesetz EU-Investmentrichtlinien in deutsches Recht überführt. Mit dem Investmentmodernisierungsgesetz wird das Investmentrecht in Deutschland umfassend neu geordnet. Nachdem der Entwurf im August 2003 vom Bundeskabinett verabschiedet wurde, steht nun der Gang durch Bundestag und Bundesrat an. Das

Gesetzgebungsverfahren soll im November 2003 abgeschlossen sein. Ziel des Investmentmodernisierungsgesetzes ist die Erhöhung der Attraktivität und der Leistungsfähigkeit des Investmentstandortes Deutschland. Zudem soll der Entwicklung, dass Fonds zunehmend im Ausland aufgelegt werden, weil die Anbieter dort die Rahmenbedingungen für attraktiver halten, gegengesteuert werden. Der Kapitalstrom ins Ausland soll gestoppt bzw. abgeflossene Mittel zurückgeholt werden. Schätzungen zufolge haben heimische Anleger derzeit rund 60 Milliarden Euro allein in Hedgefonds im Ausland investiert. (1), (6), (10), (12)

## Wesentliche Neuerungen des Investmentgesetzes

Die für die Anleger interessanteste Neuerung des Investmentgesetzes dürfte die Einführung von Hedgefonds in Deutschland sein. Eine rigide Fonds- und Steuergesetzgebung machte es deutschen Anlegern bisher unmöglich, ihr Kapital in Hedgefonds anzulegen. Lediglich Ersatzkonstruktionen wie Hedgefonds-Zertifikate wurden vertrieben, die nun deutlich an Bedeutung verlieren dürften. Die Bezeichnung Hedgefonds hat sich zum Sammelbegriff für eine Vielzahl von Investmentstrategien entwickelt, besitzt aber international weder eine juristische noch eine inhaltlich eindeutige Definition. Im Gegensatz zu klassischen Fonds haben Hedgefonds mehr Spielraum bei den Managementtechniken und der Auswahl der Anlageinstrumente. Die Fondsmanager können bspw. durch die Aufnahme von Krediten oder den Einsatz von derivativen Instrumenten eine Hebelwirkung (Leverage) erzeugen oder durch Leerverkäufe von fallenden Aktienmärkten profitieren. Nach dem Gesetzentwurf wird es keine materielle Produktregulierung geben, wie es das Gesetz über Kapitalanlagegesellschaften gegenwärtig für herkömmliche Sondervermögen vorsieht. Zudem wird eine Investment-Aktiengesellschaft mit veränderlichem Kapital als zusätzliche organisationsrechtliche Form für Fonds eingeführt. (1), (2), (8), (12)

Dem Privatanleger wird, im Unterschied zum institutionellen Investor, auch künftig die Direktanlage in Hedgefonds verwehrt sein. Um an den Chancen und Risiken der Hedgefonds partizipieren zu können, wird der private Anleger Hedgefonds-Dachfonds erwerben müssen, die ihrerseits direkt in Hedgefonds, so genannten Zielfonds, investieren. Die bei Hedgefonds vergleichsweise hohen Risiken für den Anleger sollen durch zwischengeschaltete Dachfonds, die den

Grundsätzen der Risikomischung unterworfen sind, auf ein vertretbares Maß vermindert werden. (11)

Aus Gründen des Anlegerschutzes wird eine zusätzliche Pflicht zur Herausgabe eines vereinfachten Verkaufsprospektes eingeführt, der unter anderem eine Definition der Anlageziele und strategien, Angaben zum Risikoprofil und Auskünfte zur Besteuerung enthalten soll. Für die Anleger ist eine solche kompakte Information besser als das bisher übliche Verkaufsprospekt, welches in der Regel nicht nur zu umfangreich, sondern auch schwer verständlich war. (9), (11)

Durch die Gesetzesvorhaben sollen die Prozesse in der Branche erheblich beschleunigt werden. Das Bundesfinanzministerium rechnet damit, dass die Zulassung von Fonds, die bisher im Durchschnitt 3 Monate dauerte, künftig in 2 bis 3 Wochen möglich sein wird. (7)

## Wesentliche Neuerungen des Investmentsteuergesetzes

Für die Investmentbesteuerung soll auch künftig das so genannte Transparenzprinzip gelten. Danach soll der Anleger von Investmentanteilen steuerlich gleich dem Direktanleger behandelt werden. Die bisher schon vorhandene Durchbrechung dieses Grundsatzes, wie die generelle Nichtbesteuerung von im Fondsvermögen thesaurierten Veräußerungsgewinnen, behält das Gesetz auch künftig bei. (11)

Nach dem Gesetzentwurf werden die bisher zur Anwendung gekommenen drei verschiedenen Besteuerungs-Levels für ausländische Fonds abgeschafft. Auslandsfonds werden den Inlandsfonds künftig steuerlich gleichgestellt, wenn die ausländischen Fonds dem Recht und der Aufsicht eines Mitgliedsstaates der EU unterstehen oder sie zum öffentlichen Vertrieb in Deutschland bzw. an einer inländischen Börse zum amtlichen Handel oder zum geregelten Markt zugelassen sind. Die bisher bekannte Klassifizierung ausländischer Fonds in weiße, graue und schwarze Fonds wird mit der Neuregelung obsolet. Denn das Investmentsteuergesetz differenziert einheitlich für inländische und ausländische Fonds lediglich danach, ob die Investmentgesellschaft im Sinne des Transparenzprinzips mitteilt, aus welchen verschiedenen Einnahmequellen sich die Ausschüttung bzw. die thesaurierten Erträge zusammensetzen. Zu diesem Zweck stellt das Gesetz einen neuen Katalog auf, innerhalb dessen die einzelnen Erträge zuzuordnen sind. (11)

Eine bedeutsame Neuerung im Sinne der Gleichbehandlung von ausländischen Investmentanteilen stellt die nunmehr uneingeschränkte Anwendung des Halbeinkünfteverfahrens für Privatanleger und Personenunternehmen bzw. das Beteiligungsprivileg für Kapitalgesellschaften dar. Danach muss nur die Hälfte der Dividenden versteuert werden. Damit kommen auch Anleger ausländischer Fondsanteile hinsichtlich der Besteuerung von Erträgen des Fonds aus Dividenden und Veräußerungen von Aktien in den Genuss dieser Steuervergünstigungen. (1), (10), (11)

Nach den Vorstellungen des Gesetzgebers müssen die Fonds in deutscher Sprache detaillierte Angaben über ihre Einkunftsarten und Vermögensbestände veröffentlichen. Dies bedeutet einen erheblichen Mehraufwand an Wirtschaftsprüfer- und Übersetzungskosten, was letztendlich zu Lasten des Anlegers geht. Anleger in Fonds, die diesen Anforderungen nicht genügen, werden unabhängig davon, ob es sich um einen inländischen oder einen ausländischen Fonds handelt einer gegenüber der bisherigen Gesetzeslage nur leicht abgemilderten Strafbesteuerung unterworfen. In diesem Fall sind beim Anleger die Ausschüttungen auf Fondsanteile sowie 70 Prozent eines eventuellen Mehrbetrages zwischen dem ersten und dem letzten im Kalenderjahr festgesetzten Rücknahmepreises zu versteuern, mindestens sind aber 7 Prozent des letzten im Kalenderjahr festgesetzten Rücknahmepreises anzusetzen. Das gilt selbst dann, wenn tatsächlich keine Ausschüttungen vorgenommen wurden und der Rücknahmepreis gefallen ist. (2), (11)

Durch die Strafbesteuerung entsteht ein Anreiz, transparente und somit anlegerfreundliche Produkte anzubieten. Insbesondere für die institutionellen Anleger ist das Thema Transparenz von großer Bedeutung. Nur durch einen klaren Investmentprozess und ein stark ausgeprägtes Risikomanagement kann die Anlagestrategie gut fundiert sein. Ein gutes Risikomanagement benötigt verlässliche Risikokennzahlen von allen Positionen im Portfolio und somit auch von den Hedgefonds. (12)

Die in Deutschland zulässigen Hedgefonds werden mit den normalen Investmentfonds steuerlich auf eine Stufe gestellt. Manche Hedgefonds, insbesondere denen in der Form von Dachfonds, dürfte es schwer fallen, den strengen Nachweispflichten zu entsprechen. Sie sind damit auch weiterhin der Gefahr einer Strafbesteuerung ausgesetzt. (1), (4)

Die steuerlichen und sonstigen

Transparenzanforderungen an Hedgefonds stehen unter heftiger Kritik. Auf Grund der Transparenzregeln werden für die neu eingeführten Hedgefonds erhebliche Attraktivitätseinbußen erwartet. Denn gerade die guten Hedgefondsmanager lassen sich ungern in die Karten schauen und werden daher die Nachweise nicht anbieten. Aus diesem Grunde wird befürchtet, dass sich lediglich zweitklassige Hedgefondsmanager auf die vom deutschen Gesetzgeber aufgestellten Transparenzregeln verpflichten lassen werden, so dass sich faktisch dem deutschen Anleger bzw. den Dachfonds lediglich die Anlage in zweitklassige Hedgefonds eröffnen werde. Diese Ansicht ist jedoch nicht unumstritten. Nicht alle Anbieter von Funds of Hedge Funds scheuen eine detaillierte Einsichtnahme in die Ertragsquellen ihrer Zielfonds. Einige erfüllen die Forderungen bereits jetzt oder gehen sogar darüber hinaus. (3), (4), (5), (11)

## Fallbeispiele

Der französische Funds-of-Hedge-Funds-Anbieter BNP Paribas Fauchier Partners, der in London 550 Millionen Dollar in Hedgefonds für Private und

Institutionelle verwaltet, will die vom Fiskus verlangten Vermögensaufstellungen nicht veröffentlichen. Er ist nicht bereit zu zeigen, inwieweit Erträge aus Dividenden, Zinsen oder anderen Anlageklassen stammen, da dies Einblicke in die verfolgten Strategien gewährt. (3)

Nicht alle ausländischen Anbieter scheuen die Transparenzanforderungen. Dazu zählt bspw. der Schweizer Dach-Hedgefonds-Anbieter Partners Group. Dieser verwaltet insgesamt 6 Milliarden Schweizer Franken in Alternativen Investments und gewährt seinen Fund-of-Hedge-Funds-Investoren eine kontinuierliche Übersicht über die Nettopositionen und damit auch die Risiken, die er in verschiedenen Asset-Klassen eingeht. Bei den Zielfonds gibt es für die Investoren die Möglichkeit, täglich Einsicht in die Risikokennzahlen zu nehmen. Die Partners Group begrüßt, dass die im Gesetz definierten nicht transparenten Fonds steuerlich schlechter gestellt werden als die transparenten Fonds. Daraus ergibt sich der positive Effekt, dass ein fiskalischer Anreiz entstehe, transparente und insofern anlegerfreundliche Produkte für den deutschen Markt zu lancieren. (3)

Für institutionelle Anleger sind Hedgefonds-Investments, auch wenn diese in Deutschland derzeit nur über Umwege möglich sind, schon seit Jahren eine wichtige Asset-Klasse. Laut einer Studie des Fachmagazins Absolut Report, die auf der Befragung von 39 deutschen Versicherungsunternehmen beruht, sehen 84 Prozent aller befragten Gesellschaften in Hedgefonds eine Asset-Klasse der Zukunft, die vor allem die Risikodiversifikation ihrer Portfolios verbessert und zu einer Ertragssteigerung führen soll. Zwei Drittel der Befragten haben bereits in Hedgefonds investiert. Von diesen würden über 90 Prozent wieder in Hedgefonds investieren und den derzeitigen Anteil im Portfolio aufstocken. (12)

## Weiterführende Literatur

(1) In Deutschland wird der Weg für Hedgefonds geebnet
aus Frankfurter Allgemeine Zeitung, 27.08.2003, Nr. 198, S. 19

(2) Nicht auf halbem Wege stehenbleiben
aus Frankfurter Allgemeine Zeitung, 01.08.2003, Nr. 176, S. 23

(3) Nicht alle Hedgefonds scheuen Transparenz Partners Group: Gesetz bleibt hinter Möglichkeiten sogar zurück - BNP kritisiert Anforderungen als zu hoch
aus Börsen-Zeitung, 25.07.2003, Nummer 141, Seite 3

(4) "Nur zweite Wahl für Hedgefonds-Anleger"

aus Frankfurter Allgemeine Zeitung, 24.07.2003, Nr. 169, S. 19

(5) Fonds finden Haare in der Suppe Auslandsbanken: Transparenzanforderungen steigen - PwC: Unter dem Strich überwiegen Vorteile
aus Börsen-Zeitung, 12.07.2003, Nummer 132, Seite 3

(6) Neuregelungen des Investmentrechts Die Schwerpunkte der Gesetzesnovelle im Überblick
aus Börsen-Zeitung, 09.07.2003, Nummer 129, Seite 7

(7) "Deutscher Markt ist reif für Hedgefonds" Bundesfinanzministerium berücksichtigt Bedenken der BaFin - Entwurf eines modernen Investmentrechts
aus Börsen-Zeitung, 09.07.2003, Nummer 129, Seite 6

(8) Neue Freiheiten für die Fondsbranche Finanzministerium legt liberalen Entwurf für ein Investmentgesetz vor
aus Börsen-Zeitung, 09.07.2003, Nummer 129, Seite 1

(9) Ein großer Wurf mit Fragezeichen
aus Frankfurter Allgemeine Zeitung, 15.07.2003, Nr. 161, S. 21

(10) Berlin hält Hedgefonds an der langen Leine Aber hohe Anforderungen an die Gesellschaften - Investmentmodernisierungsgesetz kommt
aus Börsen-Zeitung, 05.07.2003, Nummer 127, Seite 6

(11) Investmentmodernisierungsgesetz erste Analyse

Neuregelung verspricht größeren Schutz für Anleger
aus Vermögen & Steuern Nr. 09 vom 01.09.2003 Seite 041

(12) Chancen und Gestaltungsmöglichkeiten von Hedge-Fonds
aus Zeitschrift für das gesamte Kreditwesen Nr. 16 vom 15.08.2003 Seite 924

# Impressum

## Investmentsteuergesetz

**Bibliografische Information der deutschen Nationalbibliothek**

Die Deutsche Nationalbibliothek verzeichnet diese Publikation in der deutschen Nationalbibliografie; detaillierte bibliografische Daten sind im Internet über http://dnb.d-nb.de abrufbar.

ISBN: 978-3-7379-1308-9

© 2015 GBI-Genios Deutsche Wirtschaftsdatenbank GmbH, Freischützstraße 96, 81927 München, www.genios.de

Alle Rechte vorbehalten. Dieses Werk ist einschließlich aller seiner Teile – z.B. Texte, Tabellen und Grafiken - urheberrechtlich geschützt. Jede Verwertung außerhalb der Grenzen des Urheberrechtsgesetzes bedarf der vorherigen Zustimmung des Verlags. Dies gilt insbesondere auch für auszugsweise Nachdrucke, fotomechanische Vervielfältigungen (Fotokopie/Mikroskopie), Übersetzungen, Auswertungen durch Datenbanken oder ähnliche Einrichtungen und die Einspeicherung und Verarbeitung in elektronischen Systemen.